O livro e a leitura no Brasil

Alessandra El Far

O livro e a leitura no Brasil

Jorge ZAHAR Editor
Rio de Janeiro

Jorge Zahar Editor Ltda.
rua México 31 sobreloja
20031-144 Rio de Janeiro, RJ
tel.: (21) 2240-0226 / fax: (21) 2262-5123
e-mail: jze@zahar.com.br
site: www.zahar.com.br

Preparação de originais: Mariana Viveiros
Revisão tipográfica: Eduardo Faria e Henrique Tarnapolsky
Composição: TopTextos Edições Gráficas Ltda.
Impressão: Cromosete
Capa: Sérgio Campante

CIP-Brasil. Catalogação-na-fonte
Sindicato Nacional dos Editores de Livros, RJ.

El Far, Alessandra, 1970-
E39L O livro e a leitura no Brasil / Alessandra El Far. — Rio de Janeiro: Jorge Zahar Ed., 2006
il.; – (Descobrindo o Brasil)

Inclui bibliografia
ISBN 85-7110-918-4

1. Livros e leitura – Brasil – História. I. Título. II. Série.

CDD 028.90981
06-1400 CDU 028(81)

Sumário

Créditos das ilustrações

Todas as imagens são do acervo pessoal da autora, exceto a n.6, gentilmente cedida por Jaques Sztajnbok.

Introdução

Nos primeiros anos do século XX, escritores de grande importância no cenário intelectual do Rio de Janeiro deram vez a uma discussão que até hoje parece merecer nossa curiosidade. Com grande interesse, eles tentavam responder à seguinte questão: era o Brasil um país de leitores?

O famoso cronista João do Rio, que costumava flanar pelas ruas da capital federal em busca de temas cotidianos e ao mesmo tempo provocantes para suas colunas nos jornais, dizia, ao observar o intenso movimento das livrarias e o número cada vez maior de mercadores ambulantes de livros, que o Brasil, de fato, lia.

Inconformado com a análise do colega, Olavo Bilac, poeta, cronista e um dos fundadores da Academia Brasileira de Letras, discordava veementemente. Usando como prova os dados censitários que denunciavam o alto índice de analfabetismo em todo o país e a constante queixa de romancistas eminentes que mal conseguiam esgotar a primeira edição de suas obras,

Bilac deixava clara sua opinião: o Brasil não lia, pela "razão única e terrível de não saber ler".

Naquele período, a população — especialmente a dos principais centros urbanos do Brasil — crescia a olhos vistos e, por conta disso, assistia a um fenômeno há muito esperado: a vulgarização do texto impresso. As novas tecnologias, que possibilitaram o barateamento da impressão e a produção em larga escala, fizeram do livro um produto atrativo e acessível a uma parcela cada vez maior da sociedade brasileira. Nas colunas dos jornais diários, reclames anunciavam os chamados "livros para o povo", que englobavam desde obras didáticas ou filosóficas até romances, peças de teatro, manuais de ajuda e compilações de trovas e modinhas. Como diziam os proprietários da livraria Laemmert, na *Gazeta de Notícias* do dia 22/6/1896, por ocasião do lançamento da sua Coleção Econômica: "Não vale hoje a desculpa de que não se pode ler porque o livro é caro."

A imagem do volume luxuosamente decorado e reservado somente às elites abastadas e ao saber erudito perdeu gradualmente espaço para as brochuras feitas a baixos custos, interessadas também em fornecer aos leitores informação rápida, entretenimento e diversão. Para facilitar a leitura, imagens e detalhes gráficos tornavam-se itens imprescindíveis. Por essa razão, muitas vezes os editores divulgavam o resumo de um determinado romance à venda e, ao lado do nome do autor, davam destaque ao ilustrador, em geral um artista proeminente das revistas ilustradas da época. Em compasso com todas essas mudanças na arena editorial brasileira, o livro ia conquistando novos adeptos. Assim, pessoas de pouca instrução, pequenos comerciantes e trabalhadores pobres já eram vistos com um livro nas mãos.

Durante todo o século XX, o esforço dos editores em disseminar o livro e a leitura continuou de vento em popa. Coleções populares a preços reduzidos e títulos de interesse popular ganharam espaço crescente nas livrarias. Livros de bolso passaram a ser vendidos em cafés, bancas de jornais e, como podemos ver hoje no Rio de Janeiro e em São Paulo, até mesmo em máquinas eletrônicas localizadas em algumas estações de metrô. Por apenas R$3, pode-se adquirir nesses locais um livro de auto-ajuda, um clássico da literatura nacional, um pequeno dicionário de inglês ou um breve manual de computação. Do mesmo modo que estamos acostumados a comprar refrigerantes, chocolates, balas e copos de café, agora também podemos obter, por meio dessas máquinas, pequenas brochuras a preços módicos.

Mas é preciso frisar que o livro em nosso país nem sempre foi algo cotidiano e trivial. Por conta da política colonial portuguesa, que proibia qualquer tipo de impressão, e de um limitado acesso à instrução e à educação, o volume impresso no Brasil, por um longo período percorreu circuitos bastante restritos. Não foram poucos os viajantes europeus que escreveram em seus diários seu espanto com a ausência de algum texto impresso nas casas dos brasileiros. Da completa escassez até a constituição de uma diversificada cultura impressa, uma trajetória se fez. Percorrendo alguns pedaços desse longo caminho, podemos passar por algumas questões importantes, como as práticas de leitura, a convivência entre a escrita e a oralidade, o formato do livro, a dinâmica editorial, o uso da imagem e a chegada da Internet, dentre outros aspectos que certamente contribuíram de forma decisiva para a história da leitura em nosso país.

O livro na colônia

Algumas décadas antes de o Brasil ser descoberto, Johann Gutenberg dava um novo impulso aos trabalhos de impressão com a invenção dos tipos móveis. Depois disso, as tipografias européias, até então acostumadas a imprimir textos utilizando uma matriz única feita de madeira ou metal, começaram a fabricar tipos móveis feitos de chumbo fundido. Esse novo método garantiu uma redução nos custos e, ao mesmo tempo, rapidez e flexibilidade na elaboração do livro. Pouco a pouco, as obras escritas por intelectuais e homens de letras em geral ganharam uma arena de repercussão capaz de ultrapassar com mais facilidade fronteiras geográficas e culturais.

Especialistas na história do livro dizem que muito antes da descoberta de Gutenberg, a China já usufruía os benefícios do texto impresso com tipos móveis. Mesmo assim, parece ser um consenso a idéia de que foi na Europa do século XV que o trabalho de impressão ganhou dimensão bem mais significativa, a ponto de transformar o sistema mundial de comunicação. Graças ao invento do tipógrafo alemão, o texto impresso deixou de ser privilégio de poucos, ganhando com isso usos e repercussões bastante variadas — por exemplo, o jornal diário, os panfletos de divulgação e, em especial, a disseminação em massa de inúmeros gêneros literários.

Porém, ao longo dos séculos seguintes, enquanto a Europa continuava a desenvolver técnicas de impressão, tendo em vista o objetivo de atingir um público leitor e consumidor cada vez mais vasto nos diferentes continentes, o Brasil, diante dos interditos estipulados pela metrópole portuguesa, salvo exceções, passava ao largo desse processo. Diferentemente do governo espanhol, que autorizava a abertura de estabelecimentos gráficos em suas colônias na América, a metrópole portuguesa, até a vinda da família real, em 1808, proibiu expressamente qualquer tipo de reprodução impressa em todo o território nacional, por temer uma possível propagação de idéias políticas progressistas e revolucionárias.

Assim, durante o período colonial, as pessoas que aqui viviam precisavam importar de Portugal os livros que desejavam, enfrentando, com isso, uma série de trâmites burocráticos, os custos do transporte e a censura lusitana, primeiro concentrada nas mãos da Inquisição, depois comandada pelos funcionários da Real Mesa Censória, criada em 1769. Esse sistema de muitas hierarquias evidentemente afastou a grande maioria da população brasileira de um contato mais próximo e rotineiro com o texto impresso. Entretanto, não impediu que alguns bibliógrafos, comerciantes, religiosos e eruditos em geral, principalmente a partir da segunda metade do século XVIII, criassem mecanismos próprios ou mesmo enfrentassem com paciência todas as etapas de importação, com o intuito de trazer para os trópicos histórias e obras de sucesso no Velho Mundo.

Embora a censura portuguesa tentasse ser rigorosa, acervos amplos, variados e subversivos foram compostos no período colonial. Na pequena cidade de Mariana, por exemplo, além do eminente advogado José Pereira Ribeiro, formado em Coimbra e famoso por possuir uma vasta e rica biblioteca, havia um cônego, Luís Vieira da Silva, cuja condição financeira precária não foi empecilho para que, sozinho, acumulasse obras em latim, francês, italiano, espanhol, português e inglês. Sua biblioteca, composta de 800 volumes, reuniu clássicos da literatura, autores da Antigüidade, dicionários, livros de ciência, história, obras proibidas do Iluminismo francês e até mesmo o curioso *Dicionário das heresias, erros e cismas*, compilado por vários escritores. Esses livros parecem ter dado suporte ideológico e ânimo revolucionário àqueles que participaram da Inconfidência Mineira. Não por acaso Luís Vieira foi preso pelos Autos da Devassa. Em 1792, seguiu para Portugal a fim de cumprir pena de prisão perpétua. Em fins de 1801, voltou livre ao Brasil, indo viver em Angra dos Reis, onde teria falecido.

Algumas outras bibliotecas clericais do século XVIII, em Minas Gerais e também em outros estados brasileiros, deixaram igualmente transparecer a erudição dos religiosos, principalmente no domínio da teologia. Mas, certamente, foi o acervo do cônego Luís Vieira que mais chamou a atenção dos historiadores por sua variedade de temas e áreas de interesse.

Se para os homens, como vimos, o acesso aos livros e à educação constituía um privilégio, podemos imaginar a difícil situação enfrentada pelas mulheres. No início do século XIX, o viajante e comerciante inglês John Luccock escrevia, em seu livro de notas, uma breve observação sobre a condição feminina no Rio de Janeiro: "As mulheres das classes altas e médias, especialmente as mais moças, vivem muito mais reclusas que em nossa própria terra. O pouco contato que os costumes com elas permitem põe a nu a sua falta de educação e instrução."

Por conta das rígidas regras morais da época, que reservavam à mulher somente o espaço doméstico, pais e maridos cientes de sua autoridade patriarcal costumavam proibir a elas o acesso à educação. Nesse cenário, eram raras as mulheres que sabiam ler e escrever com fluência. Já na atmosfera religiosa, esse quadro era bem mais animador. Tanto nos conventos quanto nas casas de recolhimento, que abrigavam moças solteiras, viúvas, representantes da nobreza ou mesmo de camadas menos favorecidas, a grande maioria das reclusas aprendia teologia, preces, biografias de santos, filosofia, letras, boa conduta, dentre várias outras disciplinas que acabavam por aproximá-las da experiência da leitura e da escrita.

Algumas religiosas — como a madre Jacinta de São José, fundadora da ordem carmelita no Brasil e do Recolhimento de Santa Teresa, no Rio de Janeiro, em 1742 — escreveram obras e inúmeras cartas, relatando suas idéias e experiências místicas. Jacinta, que tinha um acervo pessoal de livros, dialogou com os valores religiosos de seu tempo e desafiou muitas vezes os limites impostos às mulheres pelos bispos e demais autoridades da Igreja. Sem dúvida, grande parte das religiosas daquela época não possuía o mesmo fervor intelectual e missionário. Mesmo assim, podiam usufruir as bibliotecas e a atmosfera de conhecimento e instrução desses lugares, algo extremamente raro no ambiente leigo e doméstico da família brasileira.

A vinda da família real, dos livros e dos livreiros para o Rio de Janeiro

A chegada da família real portuguesa aos trópicos desencadeou uma série de mudanças e progressos em nosso país. Fugindo das tropas de Napoleão, que naquele momento invadiam Portugal, D. João VI escolheu o Brasil como sede do Estado português. Com ele, todo o aparato administrativo e burocrático do governo — com seus altos funcionários, servidores da casa real e membros seletos da nobreza — tomou o mesmo rumo, instaurando no Rio de Janeiro o terreno necessário para suas atividades.

Assim, a pacata população carioca, concentrada nos arredores do morro do Castelo e em mais quatro freguesias vizinhas, ganhava de uma hora para a outra o status de corte imperial. Com o propósito de criar um ambiente aristocrático nos trópicos, o governo português, num movimento contínuo, transformou sobrados em moradias reais, construiu praças, celebrou festas, abriu o comércio nos portos, criou bancos e financiou projetos artísticos.

Na arena dos livros e publicações, D. João VI fundou, no dia 13 de maio de 1808, a Impressão Régia, a princípio com o único objetivo de divulgar "toda a Legislação e Papéis Diplomáticos" do serviço real. Poucos meses depois, até mesmo pela falta de outras tipografias no país e pela demanda de feitos ligados a arte, cultura e oratória, o governo português deu à Impressão Régia, que ao longo do tempo receberia diferentes nomes, um uso mais difuso, permitindo em seus prelos a passagem de textos literários e de conhecimentos gerais.

Para controlar o montante de textos impressos, o governo atribuiu à Mesa do Desembargo do Paço a responsabilidade de censura. Seus funcionários fiscalizavam tudo o que entrava e saía dos portos brasileiros. Vigiavam também o conteúdo de cada obra, os títulos colocados à venda e a fidelidade das impressões. As publicações aprovadas recebiam a devida autorização, com os dizeres "Com licença do Desembargo do Paço", e passavam a circular livremente pela cidade. Até o fim da censura, com a proclamação da Independência, foram lançados a público pela Impressão Régia 1.427 documentos oficiais, periódicos de cunho político e dezenas de textos literários, entre eles peças de teatro, sermões, opúsculos, poesias e romances. Algumas obras já consagradas naquele tempo receberam tratamento especial, como foi o caso de *Marília de Dirceu*, de Tomás Antônio Gonzaga, que obteve em

1810 a tiragem "excepcionalmente grande", segundo o colecionador José Mindlin, de 2.000 exemplares.

Pouco a pouco, o texto impresso, em especial o livro, tornava-se não só um objeto conhecido no cotidiano da corte como também um item fundamental no processo de civilização do nosso país. Nesse novo cenário, tipografias eram abertas, livreiros estrangeiros estabeleciam seus negócios nas ruas centrais da cidade e a Real Biblioteca, esquecida nos portos de Lisboa durante a fuga em 1808, finalmente ancorava no Rio de Janeiro.

A insistência de D. João VI em trazer a principal biblioteca de Portugal para sua colônia nos trópicos não constituiu um capricho passageiro. Como se sabe, na história mundial grandiosos acervos de livros ajudavam a conferir prestígio e poder aos governantes. Não por acaso, diversos monarcas empenharam-se pessoalmente na tarefa de adquirir uma vasta e diversificada coleção, capaz de representar todo o conhecimento existente na face da terra. Conseguir edições raras, obras desaparecidas ou antigos manuscritos significava, em muitos casos, um assunto de Estado; afinal, era a imagem do rei que estava em questão.

Mas se, por um lado, as bibliotecas fortaleciam a imagem de poder e erudição dos governantes, por outro, também demonstravam, ao longo da história, sua enorme fragilidade diante de guerras, incêndios, saques e súbitas catástrofes naturais. D. João VI, que bem sabia da trágica história da Real Biblioteca portuguesa, destruída pelo terremoto que assolou Lisboa em 1755, tentava a todo o custo salvar das tropas francesas os caixotes de livros esquecidos na fuga. Recomposta por D. José I e por seu ministro, o marquês de Pombal, a nova versão desse conjunto de livros, por ter rapidamente recuperado seu prestígio bibliográfico, simbolizava um tesouro a ser preservado.

No Rio de Janeiro, a Real Biblioteca, depois de instalada, ganhou novos títulos, acolheu doações de importantes intelectuais e nunca mais foi embora. D. João VI voltou para Portugal, mas foi obrigado a deixar os livros, que já representavam um bem simbólico inestimável para uma nação rumo à civilização. Com seus mapas, manuscritos, ilustrações e coleções raras, esse acervo obteve até o ano de 1876 vários nomes, quando, enfim, recebeu a denominação de Biblioteca Nacional.

Essa crescente valorização da cultura impressa, como vimos, não tardou em atrair a atenção de livreiros e tipógrafos estrangeiros. Já nas décadas de 1820 e 1830, comerciantes franceses, portugueses e até alemães aproveitaram o gosto refinado de homens e mulheres pertencentes às camadas mais nobres e abastadas da corte imperial para vender autores e obras de mérito reconhecido na Europa. Houve também aqueles que trouxeram na bagagem uma bem-vinda experiência no campo das impressões e publicações, como foi o caso de Pierre Plancher, que veio ao Brasil depois de ter sido preso e processado na França pela confecção de libelos considerados sediciosos pelas autoridades. Plancher editou pequenas novelas e alguns periódicos — como o *Diário Mercantil*, que mais tarde receberia o nome de *Jornal do Commercio*, um dos principais diários do século XIX, vendido até hoje no Rio de Janeiro.

Nessa mesma época, o jovem comerciante Eduardo Laemmert, nascido no grão-ducado de Baden, estabelecia morada em nosso país, com o propósito de dirigir, ao lado de um português chamado Souza, a filial brasileira dos famosos editores parisienses Boussage e Aillaud. Com o término da sociedade, Eduardo resolveu permanecer no Rio de Janeiro e abrir seu próprio negócio, a Livraria Universal, que, em 1838, com a chegada de seu irmão Henrique, passaria a se chamar E. & H. Laemmert, Mercadores de Livros e de Música. Como naquela época o comércio livreiro ainda caminhava a passos lentos, era bastante comum que esses comerciantes vendessem em seus estabelecimentos partituras, águas perfumadas, guarda-chuvas, jogos, material de escritório e objetos de uso pessoal.

Num esforço para expandir os negócios, os irmãos Laemmert logo resolveram iniciar os trabalhos de edição. Primeiro publicaram, em 1839, a *Folhinha*, almanaque literário vendido em todo o país, que pouco depois receberia o nome *Almanak Laemmert*, responsável até a aurora do século XX pela divulgação de informações administrativas e comerciais da província do Rio de Janeiro. A boa repercussão desse almanaque deu visibilidade aos livreiros, garantindo, assim, uma base mais segura para as impressões futuras.

Com o tempo, a Livraria Laemmert, que privilegiou a confecção de volumes bem encadernados e ilustrados com primor e requinte, especializou-se em obras de referência. Publicou dicionários, tratados científicos, obras didáticas e, somente no fim do século XIX, romances e novelas de aventura. O sucesso estrondoso de *Os sertões,* de Euclides da Cunha, editado em 1902, a abertura de filiais em São Paulo e no Recife e a inauguração de um luxuoso prédio na rua do Ouvidor, entretanto, não impediram seu pedido de falência em 1906. Apesar de manter a mesma linha editorial, a Laemmert foi dirigida, ao longo dos anos, por vários membros da família — diferentemente, por exemplo, da livraria Garnier, que praticamente teve à sua frente um único dono, Baptiste Louis Garnier. Em 1844, ele desembarcava no Brasil para abrir a filial de uma das mais conhecidas livrarias de Paris.

O estoque de livros da Garnier logo chamou a atenção da nossa elite letrada, interessada nas novidades e no glamour literário dos romances e folhetins parisienses. Em busca de novos consumidores, B.L. Garnier também montou uma equipe para os trabalhos de tradução e edição. Assim, aqueles que não sabiam ler no original podiam acompanhar as aventuras dos heróis da ficção sem nada perder.

Dizia-se na época que B.L. Garnier não publicava o primeiro livro de ninguém. Para conseguir o selo editorial de sua livraria, era preciso antes conquistar o apreço dos críticos literários, assinar colunas na grande imprensa ou ter algum destaque na vida política do país. Mesmo com tantos requisitos, Garnier tornou-se um dos editores mais importantes do século XIX. Publicou obras de José de Alencar, Machado de Assis, Joaquim Nabuco, Joaquim Manuel de Macedo, Graça Aranha, Olavo Bilac e Sílvio Romero, dentre outros nomes do nosso cenário intelectual, recebendo, por isso, do imperador D. Pedro II, o título de "livreiro e editor do Instituto Histórico e Geográfico" e uma comenda da Ordem da Rosa pelos serviços prestados às letras nacionais.

Suas impressões, feitas em Paris, eram luxuosamente encadernadas, conferindo aos livros aparência de sobriedade e elegância. Somente no ano de 1873, quando Garnier abriu com seu amigo Charles Berry a Tipografia Franco-Americana, suas publicações ganharam nova dinâmica. Não precisando mais pagar os elevados custos do transporte marítimo nem mesmo esperar meses seguidos pela impressão de um romance, Garnier pôde aumentar suas atividades editoriais, apostando em um maior número de traduções e no lançamento de coleções de capa brochada, com preços mais em conta.

Sua livraria, localizada na rua do Ouvidor, reunia todo fim de tarde renomados homens de letras que lá iam para saber das novidades editoriais e participar das discussões literárias em voga. Essa congregação de grandes personalidades — tais como Machado de Assis, Joaquim Nabuco, José Veríssimo, Graça Aranha, Sílvio Romero, Rui Barbosa e Aluísio Azevedo, dentre outros — chamava a atenção igualmente dos curiosos e dos escritores novatos, ansiosos em conseguir algum espaço no pequeno mundo das publicações e da literatura carioca.

Mas se os livreiros estrangeiros aqui chegavam já com a promessa de um negócio próspero, graças à larga experiência que traziam consigo, os comerciantes brasileiros expandiam seus empreendimentos num ritmo mais lento. Mesmo assim, contribuíram de modo significativo para o crescente mercado editorial do século XIX.

Machado de Assis, certa vez, escreveu que Paula Brito havia sido nosso primeiro editor. Mulato e de origem modesta, Paula Brito começou como aprendiz de tipógrafo. Mais tarde, fez parte da equipe de composição do *Jornal do Commercio*, ao lado de Plancher, para, enfim, abrir sua própria livraria na década de 1830, dando início aos trabalhos de encadernação e edição.

Paula Brito editava por encomenda, por conta própria e por regime de subscrição — só enviava uma obra ao prelo depois de enumerar uma lista de pessoas interessadas em pagar adiantado a compra. Durante as décadas de 1840 e 1850, publicou teses acadêmicas, regimentos, estatutos de associações e também as obras literárias de Teixeira e Souza, Gonçalves de Magalhães, Joaquim Manuel de Almeida e Martins Pena. Diferentemente de Garnier, Paula Brito ficou conhecido por incentivar os jovens de talento de sua época. Foi nos prelos desse editor que o jovem Machado de Assis publicou, em 1861, seus dois primeiros livros: a tradução *Queda que as mulheres têm para os tolos* e *Desencantos — fantasia dramática*.

Numa época em que dificilmente uma obra esgotava sua primeira edição, Paula Brito contou com o mecenato de D. Pedro II, que se tornou acionista da Imperial Typographia Dous de Dezembro, nome dado à coincidência de ambos terem nascido nessa data, e ofereceu ao livreiro o título de "Impressor da Imperial Casa". Em troca de tanto prestígio, Paula Brito publicou os diversos escritores do romantismo apoiados por D. Pedro II, conseguindo assim manter-se em plena atividade até quase sua morte, em 1861.

Nas décadas seguintes, vários foram os livreiros brasileiros que abriram comércio nas ruas centrais da cidade e buscaram, com grande esforço, um público cativo e lucrativo. Seguindo as listas de livrarias divulgadas pelos almanaques, percebemos intensa rotatividade de endereços e sociedades. Em busca do empreendimento certeiro, muitas tentativas eram feitas: uma boa localização, um capital apropriado, publicações inéditas e anúncios chamativos nos jornais. Talvez, dentre todos os comerciantes do gênero, Pedro da Silva Quaresma, livreiro tão esquecido nos dias de hoje, tenha sido aquele que melhor soube usufruir todos esses artifícios, conseguindo, assim, espaço singular no universo editorial por décadas seguidas.

Pedro Quaresma foi o proprietário da Livraria do Povo, na rua S. José, inaugurada em 1879. Com perspicácia singular, usou a seu favor todas as boas oportunidades do seu tempo, tendo em vista um único objetivo: agradar ao maior número possível de compradores. Sua loja, que ficava nas adjacências da rua do Ouvidor, conquistou leitores de diferentes camadas sociais. Contam os memorialistas da época que importantes personalidades, como Rui Barbosa e o crítico José Veríssimo, costumavam ir à Livraria do Povo procurar raridades bibliográficas vendidas pelo livreiro. Esses homens de rara erudição, entretanto, acabavam convivendo com outro tipo de público, mais interessado nas novidades do momento anunciadas a baixos preços.

Sob o título "Livros baratíssimos" ou "Tudo de bom e barato no treme terra e terror dos careiros", Pedro Quaresma divulgava listas e mais listas de obras dos mais variados gêneros da literatura. A partir da década de 1890, ele mesmo começou a editar. Já que livreiros como Garnier e os Laemmert faziam fama com seus volumes bem encadernados e autores renomados pela crítica da época, Quaresma, com o objetivo de conseguir um lugar ainda pouco explorado no mercado editorial carioca, resolveu apostar na publicação de livros baratos e, ao mesmo tempo, de leitura fácil e atraente. Nesse viés, lançou à luz uma literatura bastante variada, autores ainda desconhecidos e narrativas que chegaram a alcançar tiragens surpreendentes no decorrer de sucessivas edições.

Quaresma publicou livros para crianças, numa época em que ainda não havia literatura infantil brasileira nas estantes das livrarias. Editou também uma série de manuais de ajuda prática, que ensinavam desde habilidades profissionais até receitas de doces e salgados, dicas de cura popular, feitiços para conseguir maridos e espantar mau-olhado e conselhos para melhor escrever e falar em ocasiões solenes. Suas brochuras de trovas e modinhas escritas por compositores populares da época, como Catulo da Paixão Cearense e João de Sousa Conegundes, igualmente arrastavam até sua casa comercial compradores dispostos a gastar alguns tostões no volume desejado.

Os romances por ele publicados tiveram igualmente enorme repercussão. Pedro Quaresma editou histórias arrebatadoras e de "sensações fortes", como se dizia então. Eram donzelas que perdiam a virgindade, filhos que desafiavam a autoridade paterna e cruzavam mares e oceanos em busca de aventuras, jovens inocentes em meio a crimes passionais, tudo regado a muito sangue e lágrimas. No catálogo de sua livraria também não faltaram enredos considerados pornográficos. Nessas narrativas, abundavam cenas de adultério, prostituição, homossexualismo e de jovens que abandonavam o recato do lar para levar uma vida de prazeres, amantes e fantasias eróticas. Os autores desses romances conseguiram vender milhares de exemplares ao longo das últimas duas décadas do século XIX, mas foram esquecidos pelos compêndios de nossa história literária por não apresentarem escrita considerada refinada e um enredo compatível com as convenções estéticas vigentes.

Outros livreiros, em busca de destaque semelhante, seguiram a linha editorial traçada por Quaresma. Em conjunto, esses comerciantes contribuíram para diversificar o mercado livreiro brasileiro, colocando à disposição dos leitores títulos, autores e publicações que não mais ficavam restritos às camadas abastadas e ilustradas da sociedade. Esse novo tratamento dado ao livro fazia com que, no fim do século XIX, pessoas advindas dos setores menos favorecidos economicamente tivessem acesso ao objeto impresso, agora visto também como passatempo e diversão. Naquela época de grande concorrência, o melhor livro já era aquele que mais vendia.

O mundo dos textos, das palavras e dos leitores

Desde a invenção da imprensa por Gutenberg, o livro ganhou várias formas e propósitos, sempre com o intuito de tornar a leitura algo sedutor e atraente. Mas é preciso lembrar que esse foi um movimento a longo prazo, visto que o Ocidente estava, naquele período, completamente enraizado no universo da oralidade. A palavra falada fazia parte das festas e casamentos, da diplomacia, das leis, da pregação religiosa, reafirmando constantemente os laços sociais, impondo a autoridade política dos governantes, nutrindo o imaginário coletivo e trazendo à memória mitos e histórias de domínio público. Na voz de juízes, sábios, trovadores, padres e contadores de história, com suas respectivas entonações e posturas, as pessoas viviam e atualizavam seu cotidiano, de geração a geração.

Com a impressão, a palavra escrita tomou cada vez mais lugar e preferência nos círculos letrados, deixando que o universo da oralidade predominasse em meio aos camponeses, artesãos e trabalhadores analfabetos e de pouca renda. Essa forte tendência, entretanto, não criou uma barreira capaz de separar os mundos da escrita e da palavra falada. Como se sabe, as cortes européias valorizavam as grandes bibliotecas, mas também muito apreciavam as histórias contadas, a apresentação de peças de teatro e a originalidade das canções poéticas apresentadas pelos trovadores.

Do mesmo modo, apesar dos elevados índices de analfabetismo, os editores nunca deixaram de tentar cooptar a atenção das diversas camadas sociais, publicando narrativas curtas e baratas. Nesse sentido, podemos citar o caso da *Bibliothéque Bleue*, composta pelos impressores de Troyes, na França do século XVII. Essa coleção de livros brochados de capa azulada e custo modesto foi, por décadas a fio, bem recebida nas áreas rurais. Ou podemos relembrar a história do moleiro italiano Menocchio, perseguido no século XVI pela Inquisição — temerosa da clareza e lucidez de suas idéias e visões de mundo, que vinham de um rico imaginário popular mas também dialogavam com fontes escritas, como livros de viagens, crônicas e narrativas bíblicas.

Naquela época, fosse no ambiente requintado da corte ou no humilde recanto dos camponeses e trabalhadores pobres, um livro, por ser ainda objeto raro, era lido e relido várias vezes. Em muitos casos, um orador qualificado, capaz de reconhecer no texto as intervenções e pausas necessárias, lia para uma platéia que escutava com atenção. Esse tipo de leitura recebeu dos historiadores e sociólogos do livro a denominação de "leitura intensiva", que pouco a pouco foi sendo substituída pelo modo "extensivo", no qual o leitor, por ter acesso a inúmeras obras, debruçava-se uma única vez sobre um volume, tendo em vista os demais títulos por ele escolhidos.

O barateamento do papel, a prensa movida a vapor, o uso do linotipo, e, sem dúvida alguma, o aumento nos índices de alfabetização possibilitaram, a partir do século XVIII, ao menos na Europa e nos Estados Unidos, a produção de livros em larga escala e, por conseguinte, uma leitura em série, rápida e sempre em busca de novidades. Esse maior contato com o objeto impresso fez com que as pessoas adquirissem interesses próprios e desenvolvessem, em algum recanto solitário, a leitura silenciosa e individual. Enquanto alguns liam para aprender um novo ofício, outros adquiriam seu exemplar para entender os mistérios de povos distantes, contemplar profecias religiosas, conhecer um autor de sucesso ou simplesmente liam por diversão. O romance ilustrou repetidas vezes essa tendência. Não por acaso, há nos seus enredos a recorrente descrição de personagens solitárias, sentadas em lugares ermos e entregues aos devaneios narrativos de sua predileção.

No Brasil, a chegada triunfal do romance e a popularização do livro não colocaram em oposição esses dois tipos de leitura. Ao contrário, elas conviveram por um longo tempo lado a lado, estreitando os vínculos entre a oralidade e a palavra impressa. Certamente, no período colonial, o texto lido para uma platéia de ouvintes era algo bem mais comum que a leitura reservada em algum gabinete ou sala de estudos, mas isso não impedia que uma mesma obra pudesse ser lida no ambiente recatado do lar e declamada em reuniões literárias para amigos e familiares.

Durante o século XIX, presenciamos o encontro do universo da oralidade com o da palavra escrita através dos títulos lançados a público. Se, a princípio, os livreiros preferiam publicar obras de escritores eminentes da literatura brasileira e européia, com o desenvolvimento do nosso mercado editorial, enredos inéditos e muitas vezes recolhidos de episódios arrebatadores da vida cotidiana rapidamente recebiam uma versão romanceada.

A famosa obra *Casa de pensão*, de Aluísio Azevedo, por exemplo, foi baseada na polêmica "questão Capistrano", que dividiu a opinião pública brasileira. João Capistrano da Cunha era um estudante da Politécnica que, depois de deflorar a jovem Júlia Pereira e ser absolvido nos tribunais cariocas, foi morto a tiros pelo irmão da vítima, em plena rua da Quitanda, no centro do Rio de Janeiro. Outras histórias de virgindades perdidas, crimes e assassinatos, por seu tom melodramático e repercussão ímpar nas conversas e debates calorosos da época, foram transcritas e impressas sem demora. Alguns ditados também viraram temas de livros, como a conhecida frase "casamento e mortalha só no céu se talham", que serviu de inspiração para diversas narrativas até o começo do século XX.

O contrário também acontecia com freqüência. Um romance de sucesso poderia ser adaptado para o teatro ou mesmo virar tema de canções e folhetos de cordel. Esse foi o caso da triste vida de *Elzira, a morta virgem*, uma menina do bairro de Botafogo, no Rio de Janeiro, que preferiu morrer imaculada a casar com o homem que não amava. Escrito por Pedro Ribeiro Vianna em 1883, o romance, que tanto descreve as amarguras de Elzira e a incompreensão de seus pais, ganhou algumas versões de cordel e perpassou todo o século XX na voz de repentistas do Nordeste brasileiro.

A palavra impressa pode ter apaziguado a intensidade do universo da oralidade, mas em nenhum momento silenciou suas vozes. Até hoje, a leitura de textos, a declamação de poemas ou a curiosidade para conhecer o final de uma boa história continuam a seduzir uma platéia ocasional de ouvintes. Afinal, como dizia Machado de Assis em seu romance *Dom Casmurro*, de 1899, "também se goza por influição dos lábios que narram".

Livros para todos os gostos

Os primeiros livros impressos no continente europeu apresentavam o formato in-fólio, eram ricamente encadernados, ilustrados e compostos em papel de excelente qualidade. In-fólio era o nome dado a uma grande folha de papel que, dobrada uma única vez, formava um caderno de quatro páginas. Seguindo esse raciocínio, o in-quarto era uma folha dobrada duas vezes, compondo então um caderno menor, de oito páginas, e o in-oitavo constituía um caderno ainda menor, de 16 páginas, formado a partir de três dobras de uma mesma folha. Com o barateamento do livro e sua maior circulação entre as camadas de menor poder aquisitivo, os cadernos in-quarto e in-oitavo apareceram como uma boa solução. Dessa maneira, seria possível imprimir maior número de páginas a partir de uma única folha, produzindo, assim, obras a baixos custos.

Na década de 1870, o livro barato no Brasil, de capa brochada e pequeno tamanho, começava a ser vendido nas livrarias e pelos mercadores ambulantes, que costumavam perambular pelas freguesias mais afastadas do centro da cidade do Rio de Janeiro. Essas edições populares, voltadas não para um público específico, mas sim "para todos os bolsos e gostos", trouxeram à luz, primeiramente, títulos e autores aclamados pela crítica literária daquele tempo.

Edições baratas de José de Alencar, Bernardo Guimarães, Joaquim Manuel de Macedo, como também de nomes famosos do romance francês, como Victor Hugo, Honoré de Balzac e Alexandre Dumas, dentre vários outros, eram anunciadas pelos livreiros acompanhadas de frases de efeito, que ressaltavam o fato de o livro não ser mais um produto de luxo. "Livros para o povo", "biblioteca para todos" ou ainda "livros ao alcance de todos" eram reclames que passaram a fazer parte, com regularidade, das páginas dos jornais diários.

Apesar de o Rio de Janeiro ser a principal referência editorial do país, os livros ali impressos chegavam aos demais estados por meio de encomendas. Ao divulgar seus títulos na grande imprensa, os livreiros, mergulhados numa busca incessante por novos clientes, frisavam: "Para qualquer ponto do Império." A disseminação dessa literatura parece ter atingido lugares distantes e pouco populosos. Segundo Brito Broca, um dos maiores estudiosos da vida literária daquele período, as edições Quaresma, por exemplo, chegavam "lá pelos sertões da Bahia" e "pelo norte de Minas Gerais".

A boa acolhida das edições populares de grandes romances nacionais incentivou os livreiros a publicarem títulos e autores inéditos que pudessem chamar a atenção dos leitores em razão de seus enredos criativos, de informações úteis ou de novidades de última hora. Nesse viés, o chamado "gosto do povo" encontrava-se presente nos mais diferentes tipos de publicação: peças de teatro, histórias infantis, folhetos, manuais, almanaques, livros de receita, de adivinhações etc. Alguns desses volumes tiveram repercussão apenas momentânea, outros perduraram nas prateleiras das livrarias por anos ou décadas seguidas, recebendo de tempos em tempos novas edições e formatos e alcançando, com isso, tiragens surpreendentes. Sem dúvida, essas brochuras — tão esquecidas por nós hoje — contribuíram de modo significativo para o desenvolvimento do nosso mercado editorial.

Nesse ritmo crescente de publicações, não podemos esquecer o importante papel desempenhado pelas inúmeras tipografias espalhadas por todo o país. Para os escritores que não conseguiam convencer os editores do caráter artístico ou comercial de sua obra, havia sempre a opção de pagar pela impressão do manuscrito. Esse processo por vezes incomodava os críticos e jornalistas, que reclamavam da mania de todos quererem "publicar um livro". Olavo Bilac escreveu na crônica "O vício literário", de 1905, que, nessa nossa "harmoniosa terra em que todos os homens são sabiás", havia "verdadeira mania" de transformar tudo em literatura. Isso acabava, na opinião dele, resultando em uma "superprodução literária". "Não há dia", dizia Bilac, "em que não cheguem a cada escritório de jornal três ou quatro volumes de versos e novelas. Vêm do extremo norte, do extremo sul, dos sertões, do centro, de todos os pontos do vasto país. Já houve uma semana em que recebi (não há nisto o menor exagero!) dezoito livros de poesia!"

Se para alguns essa avalanche de publicações pagas trazia certo incômodo pelo fato de muitos terem a "ousadia" de se considerarem homens de letras, para outros esse era o único caminho possível para sair do anonimato e dar os primeiros passos rumo ao reconhecimento literário. Grandes obras que hoje estudamos como clássicos da nossa literatura saíram dos prelos de tipografias, e não pelo selo editorial das grandes livrarias. Antes de obter a preferência de B.L. Garnier, Machado de Assis lançou, por exemplo, *Teatro* (1863) pela tipografia do *Diário do Rio de Janeiro*, e *Memórias póstumas de Brás Cubas* (1881) pela Tipografia Nacional. Raul Pompéia, que já escrevia na grande imprensa, imprimiu *O Ateneu*, de 1888, pela tipografia da *Gazeta de Notícias*. O já mencionado *Casa de pensão*, de Aluísio Azevedo, foi publicado em 1884 pela Tipografia Militar de Santos e Cia. Graças a esse recurso, diversos romances, novelas e livros de poesia do século XIX e mesmo do XX puderam sair das gavetas e alcançar a apreciação do grande público.

Em busca de uma massa sempre crescente de leitores, os livreiros do século XIX estavam constantemente planejando estratégias que pudessem tornar o livro um produto de consumo popular, ao mesmo tempo atraente e divertido. Para os editores realmente interessados em vender milhares de exemplares em poucos meses, a ousadia e a criatividade deviam formar uma aliança imprescindível. As tiragens elevadas, os sucessos de livraria, a publicação de enredos provocantes ou de forte impacto eram repetidas vezes anunciados com alarde nos jornais, cartazes e catálogos da época.

Em algumas situações, os próprios escritores bolavam seus reclames. Figueiredo Pimentel, polêmico homem de letras da virada do século XX, forjou sua morte com o intuito de voltar a atenção dos mais curiosos para seu novo livro. Certo dia, em uma embarcação que fazia a travessia para Niterói, Figueiredo Pimentel deixou num banco seu chapéu, sua casaca e um bilhete às autoridades notificando seu suicídio. Só depois foram descobrir que o escritor estava vivo e que essa encenação não passava de um "sensacional reclame" para seu novo romance, intitulado *Suicida!*

De fato, os baixos preços e as estratégias de divulgação conseguiram levar o texto impresso, no final do século XIX, para o centro da vida cotidiana de uma parcela cada vez mais significativa da população brasileira. Pelas livrarias, quiosques e charutarias, ou pelas mãos de engraxates e mercadores ambulantes, livros, pequenas brochuras, folhetos, jornais, revistas e até mesmo cartões-postais circulavam em meio a uma camada difusa e heterogênea de leitores.

O advento da fotografia facilitou ainda mais esse processo. Se no século XIX apenas algumas edições de luxo possuíam gravuras de artistas renomados, nas primeiras décadas do século XX os desenhos e fotografias passavam a ilustrar com freqüência os volumes de baixo custo. Se nos romances as imagens ajudavam a retratar as cenas de maior impacto do enredo, nas obras científicas e nos livros de viagem a fotografia ajudava a comprovar a existência de fatos e lugares distantes. As narrativas pornográficas, por sua vez, aproveitaram o

1. Duas senhoras, provenientes das camadas abastadas da sociedade brasileira, experimentam juntas os prazeres da leitura em voz alta. *Ilustração Brasileira*, 1/9/1876.

2. Gravura inglesa que ilustra o imaginário da leitura também como prática solitária e propícia ao devaneio. Londres, 1846.

GAZETA DE NOTICIAS — Segunda-feira 16 de Julho de 1883

LIVROS BARATISSIMOS

Ha muitos e muitos na LIVRARIA DO POVO, rua de S. José 65 e 67, casa de quatro portas onde se vende a Revista Brazileira

3. As enormes listas de livros anunciadas nas duas últimas décadas do século XIX mostram a popularização do objeto impresso e da leitura em nosso país. *Gazeta de Notícias*, 16/7/1883.

AS PRIMEIRAS REVELLAÇÕES

– "... fechada a porta por dentro..."

4. Numa imagem típica dos anos 20, duas jovens se fecham em uma biblioteca particular para ler livros provavelmente pornográficos, destinados, naquela época, apenas aos homens. *A Maçã*, 15/12/1923.

5 e 6. O livro *No Japão*, de Oliveira Lima, publicado em 1903, ilustra o aspecto sóbrio e o acabamento refinado das edições de luxo feitas pela Laemmert Editores. Já o livro de crônicas *Cock-Tail*, de Benjamim Costallat, publicado pela Livraria Leite Ribeiro em 1923, mostra a preocupação de produzir um produto mais acessível e, ao mesmo tempo, atraente ao grande público.

7 e 8. O livro tornou-se um produto tão acessível, especialmente nas grandes cidades, que é comum encontrarmos edições de bolso dos grandes clássicos da literatura mundial em bancas de jornal e mesmo em máquinas colocadas em estações de metrô.

quanto puderam esse novo recurso, com o propósito de cultivar fantasias e desejos de seus leitores. Além dos tradicionais enredos picantes, os editores colocavam também à venda álbuns repletos de fotografias de mulheres nuas ou de cópulas inusitadas. Em todos esses gêneros literários, a imagem certamente facilitava o exercício da leitura, deixando o texto mais leve e prazeroso.

Os jornais igualmente aproveitaram as novas tecnologias de impressão para aumentar a circulação de seus cadernos. Desde 1834, ano de lançamento de *A Lanterna Mágica*, as chamadas revistas ilustradas entretinham os leitores com suas charges sofisticadas e divertidas, que abordavam os diferentes aspectos da vida política e econômica do país. Algumas delas, como *Semana Ilustrada*, *Revista Ilustrada*, *O Mosquito* e *O Besouro*, sob o comando de artistas do porte de Ângelo Agostini e do português Rafael Bordalo Pinheiro, cativaram por anos a fio uma considerável clientela de leitores. Porém, com o passar dos anos, a fotografia foi substituindo o desenho. Apesar de a criatividade do artista ainda ser bastante valorizada, a imagem saída da câmara fotográfica revelava o retrato fiel e inédito de terras longínquas, personalidades da vida pública, festas e acontecimentos marcantes no país ou no exterior. Nos jornais diários, a fotografia chegou, na virada para o século XX, de modo tímido, mas sem demora passou a fazer parte das notícias e eventos de destaque. Nesse sentido, os textos longos, ainda tão comuns na grande imprensa, podiam oferecer agora uma pequena pausa para que os leitores pudessem ao menos recuperar o fôlego.

Ou seja, a utilização da fotografia no universo da cultura impressa, no início do século XX, intensificou ainda mais o processo de popularização do livro e da leitura no Brasil. Naquele momento, os jornais, os livros e as revistas ilustradas conseguiam difundir informações, idéias e opiniões por setores bastante diferenciados da sociedade brasileira. O texto impresso, em toda a sua variedade, já não era mais algo raro, mas ainda requisitava a imaginação dos livreiros e editores, que a toda hora procuravam fazer do livro um produto constantemente desejado, seja por seu conteúdo, seja por sua aparência atraente e lúdica.

A expansão do mercado editorial brasileiro

Por ser a corte e, mais tarde, a capital federal do país, o Rio de Janeiro tornou-se o ponto de partida do nosso mercado editorial. Foi nas ruas centrais dessa cidade que uma série de livreiros, dotados de certo capital inicial, abriram suas portas e deram ensejo a uma produção crescente de livros e periódicos. Sempre atentos aos interesses de seus leitores, pouco a pouco esses comerciantes transformaram o livro em um produto acessível e lucrativo. Criaram coleções, novos formatos e capas atraentes, com a pretensão de atingir os mais diferentes interesses da população leitora brasileira.

Não tardou, entretanto, para que outros centros urbanos tentassem seguir a mesma receita, na esperança de formarem uma clientela próspera e cativa. Em São Paulo, um ex-funcionário da Garnier, Anatole Louis Garraux, abriu na Praça da Sé, nos anos 1860, a Casa Garraux. Como, naquele período, a vida cultural e financeira dessa província era ainda muito exígua, Garraux resolveu compor um estoque de livros jurídicos, aproveitando o contingente de estudantes de direito do Largo São Francisco. Com o tempo, o sucesso do empreendimento fez com que ele diversificasse seu catálogo, vendendo também obras de medicina, literatura e religião.

Em 1876, foi a vez da Livraria Teixeira, propriedade dos irmãos Antonio Maria e José Joaquim. Apesar de um começo tímido, esse estabelecimento, graças a seu acervo, congregou algumas celebridades do mundo das letras, como Euclides da Cunha, Alfredo Pujol e Visconde de Taunay, que de vez em quando apareciam para conversas e saraus literários. Além disso, foi a Livraria Teixeira que publicou, em 1888, *A carne*, do respeitado filólogo Júlio Ribeiro, um romance naturalista que gerou grande polêmica nos jornais, vendendo por isso milhares de exemplares em poucos meses.

A prosperidade econômica da província de São Paulo nas primeiras décadas do século XX contribuiu visivelmente para o desenvolvimento de novos projetos editoriais. Enquanto os livreiros cariocas publicavam histórias que ressaltavam o caráter metropolitano e ousado de suas personagens, em dia com as novidades vindas da França e dos Estados Unidos — como *Mademoiselle Cinema* (1923), de Benjamim Costallat —, alguns editores paulistanos, a exemplo de Monteiro Lobato, resolveram apostar em outra vertente.

Depois da boa acolhida de *Urupês* (1917), Lobato entrou para o mercado editorial brasileiro com o selo Revista do Brasil, mais tarde Monteiro Lobato & Cia., valorizando a cultura caipira e os escritores da chamada geração moderna, entre os quais Paulo Setúbal, Léo Vaz e Lima Barreto. Em poucos anos, Lobato publicou diversos títulos, alcançando, com alguns deles, a cifra de dezenas de milhares de exemplares vendidos. Como se sabe, suas histórias infantis lhe renderam enorme prestígio. A *Menina do narizinho arrebitado*, com diversas ilustrações, saiu com uma tiragem de 50 mil exemplares, algo bastante raro até mesmo nos dias de hoje. Nos anos seguintes, foi Monteiro Lobato o responsável pela criação da Companhia Editora Nacional e, ao lado de Caio Prado Júnior, Leandro Dupré e Artur Neves, da editora Brasiliense, em 1944.

O movimento modernista, em São Paulo, que culminou com a Semana de Arte Moderna, em 1922, trouxe para a arena editorial um grupo de intelectuais firmemente dispostos a colocar em circulação seus escritos e ideais artísticos. Em razão da dificuldade de encontrar uma editora capaz de acompanhar suas propostas gráficas e o conteúdo inovador de seus textos, esses homens de letras e artistas plásticos decidiram arcar com os custos de produção. Foi nesse contexto que vieram à tona as revistas *Klaxon*, *Arco & Flecha* e *Estética*, com textos de Oswald de Andrade, Mário de Andrade, Sérgio Milliet e Menotti del Picchia, ilustrados com desenhos de Tarsila do Amaral, Di Cavalcanti, Brecheret e Anita Malfati.

A repercussão desses periódicos em alguns círculos letrados não eliminou, entretanto, a dificuldade que esses autores, tão estudados hoje na história da literatura brasileira, tinham de enfrentar para publicar e divulgar suas próprias obras. Não foi à toa que Mário de Andrade pagou pelos 800 exemplares da primeira edição de *Macunaíma*, em 1928, e que Carlos Drummond de Andrade custeou seus primeiros livros de poesia. Mas se, por um lado, esses escritores eram obrigados a conviver com a produção e circulação restrita de seus livros, por outro possuíam singular liberdade de criação, gerenciando desde a capa até, no caso das revistas, a composição dos reclames.

Com o passar dos anos e o crescimento contínuo da população leitora brasileira, novos editores surgiam sem cessar, diversificando e criando projetos inovadores para o mercado editorial. Ao passo que uns apostavam suas fichas em livros didáticos ou universitários, outros enxergaram na literatura nacional e estrangeira um grande filão. Foi nesse cenário que surgiram livraria Saraiva, Schmidt Editora, José Olympio, Livraria Martins, Civilização Brasileira, Paz e Terra, Melhoramentos, Ática, Globo, L&PM, Zahar (depois Jorge Zahar), Companhia das Letras, Record, Rocco, Vozes, dentre várias outras, que definitivamente dinamizaram o comércio de livros no país. Esses editores, na verdade, deram continuidade a muitos dos projetos nascidos nas últimas décadas do século XIX: os diversos tipos de coleções, as traduções inéditas, as capas atraentes, os volumes de baixo custo, as narrativas ilustradas, os reclames na grande imprensa, os autores de sucesso. Nesse conhecido processo não faltaram, porém, as inovações gráficas e a chegada de escritores e tradutores capazes de revigorar constantemente o imaginário da leitura e a difusão do conhecimento.

Ora na esteira das grandes promessas, ora em meio a um começo mais singelo, diversos escritores despontaram ao longo do século XX, consagrando, ao mesmo tempo, aqueles que descobriam e editavam suas obras. Nesse sentido, podemos citar, dentre muitos outros, Manuel Bandeira, José Lins do Rego, Graciliano Ramos, João Guimarães Rosa, Rachel de Queiroz, Clarice Lispector, Cecília Meireles, Lygia Fagundes Telles, Jorge Amado, Rubem Braga, Fernando Sabino e Érico

Veríssimo. Escrevendo sobre questões sociológicas, chegaram às livrarias ensaios de Sérgio Buarque de Holanda, Gilberto Freyre, Franklin de Oliveira, Florestan Fernandes, Antonio Candido e Caio Prado Júnior, como também importantes traduções de clássicos do pensamento ocidental. Num movimento crescente, as demais áreas do conhecimento lentamente foram sendo descobertas e valorizadas. Com isso, os livros de literatura e didáticos foram cada vez mais dividindo espaço nas prateleiras das livrarias com estudos e ensaios de psicologia, história, artes plásticas, educação, física, comunicação, ciências sociais etc.

É preciso ressaltar que, enquanto muitos viram no mercado de livros no Brasil um negócio promissor e lucrativo, outros entraram no universo editorial mais interessados em levar ao público obras, autores e traduções que pudessem contribuir para o panorama intelectual. Empresários de diferentes perfis, cada um a seu modo, procuraram estabelecer laços com pesquisadores, literatos e professores que pudessem divulgar idéias originais nos diferentes campos de estudo de nosso país, como também trazer do exterior projetos e coleções inovadoras. Nesse sentido, vale a pena mencionar a atuação de Jorge Zahar e de Ênio Silveira, da editora Civilização Brasileira, que diversas vezes desafiou os limites impostos pela ditadura militar com o intuito de levar ao mercado obras capazes de estimular a reflexão crítica sobre a realidade brasileira.

Entre tantas publicações e novas trajetórias, o mercado editorial brasileiro acabou enraizando grande parte de sua produção no eixo Rio-São Paulo, onde se congregaram uma população consumidora de elevado poder aquisitivo e o maior número de instituições de educação e ensino superior. Assim, ao longo de todo o século XX, com poucas exceções — como a editora Itatiaia, em Belo Horizonte, que lançou uma conhecida série de clássicos da literatura universal e inúmeros ensaios históricos sobre o Brasil, e algumas bem-sucedidas editoras de cordel no Nordeste —, foi o estado do Rio Grande do Sul o único que conseguiu repercutir suas publicações em âmbito nacional, em razão de empreendimentos planejados da editora Globo e da L&PM.

A editora Globo, que surgiu como um segmento da Livraria Globo, em Porto Alegre, começou a editar na década de 1930. O responsável pelos trabalhos de impressão, Henrique Bertaso, na tentativa de lançar autores consagrados pela crítica mundial, convidou o escritor Érico Veríssimo para, juntos, selecionarem as obras de maior importância. Assim, por anos, a editora Globo vendeu em todo o país traduções de Thomas Mann, James Joyce, Virginia Woolf, William Faulkner, Tolstoi, Proust, Pirandello, Voltaire, Montaigne e Nietzsche, entre outros, fazendo valer até hoje seu nome no mercado editorial brasileiro. Já a L&PM, nascida nos anos 1970, também sediada na capital do estado, publicou diversos livros que abertamente desafiaram a censura e o governo. No entanto, foi com sua vasta série de livros de bolso a preços populares que a editora, de fato, tornou-se uma referência nacional.

Nesse breve mapeamento, não podemos esquecer as editoras universitárias que, por estarem localizadas em diversas cidades brasileiras, acabaram contribuindo de modo significativo para o aumento de publicações fora do eixo Rio-São Paulo. Criadas a partir da década de 1960, essas instituições, que hoje são mais de 60, entre corporações federais, estaduais e particulares, oferecem ao mercado editorial nacional um representativo número de títulos que dificilmente seriam aceitos pelas editoras comerciais devido a seu conteúdo especializado, via de regra direcionado a um público bem mais segmentado. Essas editoras, que em geral tiveram começos tímidos, hoje possuem um perfil bem mais profissional, uma linha de interesse demarcada e uma dinâmica de funcionamento sempre atenta às tendências e novidades de última hora.

Num processo crescente, o mercado editorial brasileiro, que pelo menos até as primeiras décadas do século XX situava-se basicamente em algumas poucas ruas do centro do Rio de Janeiro, apesar de ainda concentrar boa parte de sua produção no Sudeste do país, ampliou de maneira considerável suas fronteiras e diversificou sua produção. Segundo dados da Câmara Brasileira do Livro, existem hoje em todo o território nacional 530 editoras ativas, ou seja, empreendimentos comerciais que publicam pelo menos cinco livros por ano ou que alcançam uma tiragem de dez mil exemplares.

Mesmo sendo a grande maioria dessas editoras empreendimentos de pequeno porte, todas juntas — cada uma com seu próprio estilo — levam constantemente às livrarias brasileiras uma grande série de autores, obras inéditas, traduções especializadas, ilustrações criativas, designs gráficos diferenciados, edições de luxo e livros de bolso, colocando à disposição dos leitores um variado acervo para todos os bolsos e gostos.

Publicações de gênero

É interessante notar que, apesar de as editoras brasileiras ambicionarem um público consumidor cada vez mais amplo e menos segmentado, muitas delas conseguiram conquistar a atenção dos leitores com a criação de publicações marcadas pelo estatuto do gênero, ou seja, destinadas de modo específico a homens ou a mulheres.

No dia-a-dia do Brasil imperial, uma série de jornais e revistas ilustradas, como o *Correio das Modas* (1839), o *Espelho Fluminense* (1843), o *Recreio do Belo Sexo* (1856) e a *Biblioteca das Famílias* (1874), além de livros educativos e romances, foi publicada especialmente para divertir, informar e entreter o universo feminino. Já que a mulher estava proibida de circular livremente pelo espaço público das cidades, restava a ela o ambiente doméstico do lar, local onde a leitura surgia como um bem-vindo passatempo. Por isso, expressões como "minha cara leitora" ou "oh, leitora!" recheavam as narrativas daquele período, e não por acaso escritores consagrados costumavam escrever a primeira versão de suas histórias no rodapé dessas revistas, para então, certos de sua aceitação, procurarem algum editor. O próprio Machado de Assis publicou *Quincas Borba* no *Jornal das Famílias*, para depois apresentar a B.L. Garnier seu formato final.

Na virada para o novo século, com a inserção de algumas mulheres no mundo letrado carioca, idéias que enfatizavam a importância de maior liberdade feminina passaram a preencher as colunas das revistas. A temática da mulher livre do jugo de pais e maridos também ganhou lugar nos romances da época, por meio de histórias de personagens divorciadas e independentes. No entanto, esses enredos em nenhum momento atenuaram o gosto do leitor brasileiro pelas aventuras de heroínas frágeis, crédulas no amor e no casamento.

No século XIX, em razão da voga do romantismo, inúmeras foram as novelas de amor nas quais o casamento e a família surgiam como objetivos sublimes e redentores. Com isso, várias coleções e séries foram criadas especialmente para agradar às "moças de boa família". O século XX levou adiante com entusiasmo esses projetos. Como conta a antropóloga Rosane Prado, na década de 1950 pelo menos três coleções de livros "para moças" — as chamadas Coleção Rosa, Coleção Azul e Coleção Verde — tornaram-se bastante populares. A Coleção Verde, que lançou seus volumes de 1935 a 1960, veiculou as famosas histórias escritas por M. Delly, pseudônimo usado pelos irmãos franceses Frédéric Henri Joseph e Jeanne Marie Henriette Petijean de la Rosière. Essas novelas procuravam retomar o ambiente dos contos de fadas, construindo personagens de origens aristocráticas, guiadas por suas qualidades virtuosas e, por isso, capazes de superar os impasses e mal-entendidos tão caros a esse tipo de narrativa.

Nos dias de hoje, podemos ver uma continuação desses romances de gênero através das coleções de bolso do tipo Sabrina, Júlia e Bianca, da editora Nova Cultural, criadas nos anos 1980. Esses livros, que juntos vendem dois milhões de exemplares por ano, atingem o público feminino entre 20 e 50 anos, em geral de classe média, com enredos baseados em uma estrutura narrativa bastante conhecida. Semelhantes às histórias de M. Delly, esses volumes de bolso trazem histórias de mulheres apaixonadas por homens fortes e protetores. Após uma breve seqüência de desencontros e conflitos, as leitoras são, inevitavelmente, brindadas com um bem-vindo final feliz. O sucesso desse empreendimento tem estimulado outras editoras a criarem séries de romances do mesmo gênero.

Nos dias de hoje dificilmente vemos publicações direcionadas ao público masculino, mas até a metade do século XX havia muitas edições, em especial as pornográficas, destinadas somente aos homens. Os primeiros editores populares cariocas fizeram alarde no século XIX ao divulgarem nos jornais diários seus "romances para homens", que exibiam enorme variedade de enredos sobre meninas que perdiam a virgindade, mulheres que traíam seus maridos, padres e freiras que rompiam com seus votos de castidade e as mais diferentes personagens envolvidas no movimentado cotidiano dos bordéis e casas de prostituição.

Esses livros eram proibidos às mulheres, consideradas naquele tempo pessoas de personalidade frágil e, por essa razão, suscetíveis aos enlevos da narrativa. Na opinião de médicos, juristas e intelectuais, o mau exemplo dado pelas heroínas de ficção poderia provocar nas leitoras sensações pouco condizentes com a moral e os bons costumes vigentes. Essa crença, por ironia, fazia crescer ainda mais as narrativas pornográficas femininas em primeira pessoa. Títulos com nomes de mulheres, tais como *Clarita*, *Beatriz*, *Carmem*, *Judith*, *Isaura*, *Miss Mary*, *Miss Fanny*, *Os prazeres de Rosália*, *As sete noites de Lucrécia*, dentre muitos outros, eram extremamente comuns, assim como as ilustrações de mulheres seminuas ou em posições insinuantes, lendo entretidas seus "romances para homens".

Algumas revistas do chamado "gênero alegre" tornaram-se grandes divulgadoras dessa literatura obscena. *O Rio Nu*, que circulou por todo o Brasil de 1898 até 1917, além de preencher suas colunas com humor ácido, interessado em "despir" as convenções e hipocrisias do cotidiano político e social do país, obteve muito sucesso com as pequenas brochuras impressas nos prelos de sua redação. Os títulos da sua Biblioteca do Solteirão eram constantemente anunciados, na maioria das vezes por meio de pequenas sinopses enfáticas e engraçadas. Sobre *Cenas da alcova*, de 1913, diziam: "Interessantíssimos episódios da vida de um pobre copeiro que acaba como patrão da patroa." As revistas *Shimmy*, *Karona* e *A Maçã*, das décadas de 1920 e 1930, seguiram a mesma trilha. Conquistaram inúmeros leitores com suas coleções de romances obscenos, traduzidos em grande parte do francês e do inglês.

Mesmo com o fim dessas coleções, por muito tempo os "romances para homens" continuaram guardados em lugares escondidos ou distantes dos olhares femininos. Uma divertida história contada pelo colecionador de livros antigos José Mindlin ilustra muito bem essa situação. Em seu relato biográfico, *Uma vida entre livros*, Mindlin narra seu encontro com Guimarães Rosa em Paris, no ano de 1946. Diz ele: "Naquela ocasião, me fez uma proposta engraçada, insistindo para que eu comprasse uma coleção de livros eróticos que tinha formado, mas que achava inconveniente levar para casa, pois tinha duas filhas mocinhas, ou meninas, não me lembro. Naquele tempo, livro erótico era um tabu, e eu respondi que não podia atender ao pedido dele, porque também tinha filhas meninas. Não sei o que ele fez da coleção, mas hoje não só me arrependo de não a ter comprado, embora nem saiba se teria podido fazê-lo, pois não se falou de preço, como minhas filhas também reclamam de mim..." E, por fim, conclui: "É que o mundo mudou muito — os livros eróticos naquela época eram chamados de 'livros da prateleira de trás'. E não só no Brasil, como ilustra a obra do escritor francês Edouard Henriot, com o título de *Les livres du second rayon*."

Os baixos índices de leitura e o fenômeno best-seller

Na alvorada do século XX, João do Rio e Olavo Bilac discutiam o fato de ser ou não o Brasil um país de leitores. Para justificar suas opiniões, esses afamados homens de letras, como vimos, utilizavam os resultados dos censos, o movimento das livrarias e o perfil da recente produção editorial carioca. Cem anos depois, essa mesma questão parece continuar na pauta do dia.

Com a voga de todo um ideário que sublinha a importância do contato com o livro na educação e na formação pessoal de todo indivíduo, constantemente encontramos na grande imprensa números que indicam a média anual de leitura do brasileiro e a quantidade de títulos lançados no mercado editorial.

Segundo dados fornecidos pela Câmara Brasileira do Livro e pelo Sindicato Nacional das Editoras de Livros, foram vendidos durante o ano de 2004, em todo o território nacional, cerca de 289 milhões de livros não didáticos. Esses números reafirmam os dados obtidos pela pesquisa Retratos da Leitura no Brasil, realizada pela mesma instituição no ano de 2001, que indicou ser a cifra de 1,8 a média do consumo de livros *per capita* do brasileiro, enquanto na Inglaterra esse índice era de 4,9, nos Estados Unidos de 5,1 e na França de 7,0. O baixo índice de leitura no Brasil em relação aos países desenvolvidos era algo esperado na pesquisa. Entretanto, o que realmente chamou a atenção dos analistas foi o fato de a quantidade de exemplares vendidos em 2004 ter sido a mesma de 1991.

É claro que ao longo desse tempo o mercado editorial brasileiro não estagnou suas vendas. De 1995 a 1998, os números oscilaram entre 350 e 410 milhões de volumes comercializados por ano. Porém tal queda nos índices enfatizou mais uma vez que a prática da leitura não constitui um hábito para a grande maioria dos brasileiros, já que nesse mesmo período cresceram no país, em porcentagem, o número de pessoas com mais de oito anos de estudo e a renda média do trabalhador. Uma das possíveis razões para o restrito consumo de livros, então, seriam os gastos com celulares, televisão a cabo e serviços de Internet por uma parte significativa da população com um certo poder aquisitivo, principalmente nos grandes centros urbanos. Mas não podemos esquecer que muitos países que usufruem esses mesmos itens de consumo não deixaram de lado o costume de comprar livros.

Sem dúvida, o elevado preço dos livros dificulta uma maior intimidade com a leitura. Os editores costumam explicar que a pequena procura dos consumidores restringe os novos títulos a baixas tiragens, encarecendo assim o preço de cada exemplar. Essa situação, entretanto, engendra um círculo vicioso: porque poucas pessoas costumam comprar livros, eles se tornam um produto caro e, por serem caros, uma parcela muito pequena da população brasileira pode adquiri-los com freqüência.

Na tentativa de remediar essa situação, algumas editoras têm colocado no mercado um número significativo de livros de bolso ou de coleções a baixos preços. A idéia é proporcionar aos consumidores uma opção mais em conta dos clássicos, das leituras obrigatórias nas escolas e no vestibular e de alguns títulos e temas de grande interesse.

Essa iniciativa, além de ter gerado resultados positivos, tem levado o livro a ser vendido em novos locais, como bancas de jornais, estações de metrô, supermercados e lojas de departamento, algo bastante útil para um país que possui apenas 1.500 livrarias, deixando 89% dos municípios quase sem nenhuma opção de compra. A L&PM publicou na sua série Pocket mais de 450 títulos, dos mais diferentes gêneros literários, servindo de incentivo a outras editoras — como a Companhia das Letras, que recentemente criou o selo Companhia de Bolso, segundo eles com o intuito de facilitar o acesso dos leitores a títulos de "relevância cultural" e de "grande identificação com o público".

Com o mesmo objetivo, o empresário Fábio Bueno Netto adaptou as máquinas que costumam vender chocolates, refrigerantes e doces em hospitais, faculdades e estações de metrô ao livro. Com isso, só em 2004, na cidade de São Paulo, ele conseguiu vender cem mil exemplares de bolso a partir de R$3. Nesse caso, a idéia não foi apenas a de tornar o livro um produto de consumo popular, mas também a de evidenciar o aspecto corriqueiro da leitura. Por que não ler um livro enquanto estamos no caminho para o trabalho, em salas de espera ou nos momentos de descanso e diversão? Aliás, como os jornais e as revistas, o livro popular, desde o século XIX, procura atribuir ao seu consumo uma imagem de diversão e entretenimento. O estigma de ser o volume impresso algo relacionado ao estudo e à erudição, manuseado e consumido por homens sóbrios e especialistas, foi banido pelos livreiros do século XIX, que tudo fizeram para dar a ele novos usos. As capas ilustradas, os títulos provocantes e engraçados e a impressão em papel de pequena durabilidade contribuíram de modo eficaz para retirar o livro das bibliotecas e do ambiente restrito do lar e introduzi-lo no cotidiano das ruas, dos transportes públicos, dos cafés e das praças.

Mesmo tendo conseguido essa mudança, o livro em nosso país, como salientam os números, continua ainda restrito a uma faixa circunscrita de leitores. A pesquisa Retratos da Leitura no Brasil, de 2001, também mostrou que somente 30% da população adulta alfabetizada contaram ter lido ao menos um livro nos últimos três meses, ao passo que 61% afirmaram "ter muito pouco ou nenhum contato com livros". Se levarmos em conta a existência das séries de bolso, as brochuras vendidas nas bancas de jornais, as bibliotecas itinerantes, a possibilidade sempre presente do livro emprestado e mesmo o fato de as classes B e C representarem 2/3 da massa consumidora de livros no país, podemos dizer que, para além da questão econômica, não há no Brasil uma valorização do hábito da leitura. Em muitos casos, na esperança de alterar esse quadro, o próprio governo federal procura colocar em prática programas de incentivo à leitura nas escolas públicas, oferecendo cursos para melhorar a formação do professor e criando bibliotecas nos bairros e cidades de menor poder aquisitivo. Mas o que acontece com freqüência é que, ao sair da escola, o aluno deixa de lado o contato com os livros.

Fora do ambiente acadêmico e escolar, o conteúdo de um romance ou o estilo de determinado escritor dificilmente conquistam espaço nas conversas entre amigos. A exceção seriam os chamados best-sellers, ou, em outras palavras, os mais vendidos. No Brasil, uma grande editora encara com otimismo a venda de três mil exemplares de um mesmo título ao longo de um ano. Grande parte das vezes, esse tempo é muito maior. Por isso há uma busca permanente pelos títulos que possam conquistar uma gama bem mais extensa de leitores, entrando assim na pequena lista dos mais vendidos. No final do século XIX, pela primeira vez alguns títulos começavam a esgotar suas edições em um curto período de vendas. Esse fato, ainda inédito naquele tempo, animou os livreiros, que passaram a divulgar nos jornais diários seus sucessos editoriais.

O proprietário da Livraria do Povo, Pedro Quaresma, foi um dos editores mais atuantes nesse tipo de publicidade. Com frases de efeito e resumos de impacto, constantemente informava os títulos mais procurados pelo público. Logo depois de publicar *O aborto*, um romance de Figueiredo Pimentel, dizia Quaresma no jornal *O País*, de 27 de junho de 1893: "Grande sucesso. O maior da literatura brasileira! Quase 7 mil exemplares vendidos em três meses!!! Acha-se no prelo a segunda edição." Esse estilo de anunciar, repleto de pontos de exclamação, logo foi imitado pelos outros livreiros.

No início do século XX, alguns catálogos foram publicados na grande imprensa salientando os milhares de exemplares vendidos dos títulos de maior sucesso. Benjamim Costallat, um dos maiores editores cariocas da década de 1920, seguiu à risca a receita oferecida por Quaresma. Seus romances chegavam às livrarias com todo o alarde necessário a uma boa expectativa de venda. Além das capas coloridas, dos baixos preços e de uma linguagem simples, temas provocativos povoaram as publicações de sua editora, a Benjamim Costallat & Micollis. No prefácio de *Mademoiselle Cinema*, em 1923, por exemplo, ele afirmava: "Vão gritar contra o escândalo! ... Esta *Mademoiselle Cinema* vai, pois, fazer espernear muita gente." Conforme suas previsões, esse romance gerou intensa polêmica e chegou a vender 25 mil exemplares em menos de dez meses.

É interessante acompanhar o crescimento contínuo dos índices de venda dos best-sellers. Na década de 1920, vários livros da editora de Benjamim Costallat conseguiram atingir a meta dos 15 mil exemplares vendidos. Naquele mesmo período, em São Paulo, Monteiro Lobato conquistou também grandes feitos com as histórias de Narizinho. Como esses, vários outros projetos editoriais vingaram ao longo do século

XX, e os números de volumes publicados, acompanhando o crescimento populacional do Brasil, repetidas vezes chegaram às dezenas de milhares.

Hoje no Brasil raramente um livro alcança a cifra de cem mil exemplares vendidos. Quando isso acontece, os críticos e jornalistas logo procuram entender como esses sucessos de livraria conseguiram agradar a tantas pessoas ao mesmo tempo. Às vezes, a presença de um determinado escritor na mídia ajuda a explicar a atração dos leitores por suas obras. Em outros casos, temas curiosos, sensacionalistas, conselhos de teor psicológico ou espiritual parecem ter angariado um lugar seguro nas listas dos mais vendidos. Porém, em toda a história do mercado editorial, sempre houve os sucessos repentinos, inesperados, imprevistos, que acabaram sendo reimpressos inúmeras vezes em razão do entusiasmo gerado em meio ao grande público.

No Brasil, vemos esse fenômeno ocorrer com os romances de Paulo Coelho. *O alquimista* (1988) vendeu 11 milhões de exemplares, e o conjunto de sua obra, 65 milhões em todo o mundo. Atualmente seus livros têm lançamento simultâneo em vários países, e personalidades de diferentes nacionalidades se deixam fotografar lendo uma de suas obras. Na literatura estrangeira, os exemplos são mais recorrentes. Autores conhecidos de romances de mistérios e aventuras, ou mesmo escritores de última hora, vez ou outra surgem nas páginas dos jornais por terem vendido algumas centenas de milhões de exemplares. Os seis livros da série *Harry Potter*, como informa a agente de J.K. Rowling, autora da obra, atingiram, até o final de 2005, 300 milhões de exemplares vendidos, em traduções para 63 diferentes idiomas. Sem dúvida, para um livro ser traduzido para tantas línguas e alcançar uma soma tão elevada de edições é preciso que ele conquiste o interesse de leitores das mais diferentes faixas etárias, condições econômicas, credos religiosos, ideais políticos e contextos culturais. Nunca se sabe ao certo que história ou que tipo de narrativa irá de fato conseguir tal proeza. Por mais que as editoras tenham conhecimento dos estilos em voga, é sempre um mistério o que torna um livro capaz de prender a atenção de incontáveis leitores, tão distintos em seus gostos e estilos de vida.

A chegada das histórias do livro e da leitura

Há pelo menos 20 anos, acadêmicos e pesquisadores de todo o mundo têm visto a história do livro e da leitura como um campo fértil de análise e discussão. Partindo do princípio de que uma obra não reserva somente um conjunto de informações transmitidas, mas também uma série de arranjos materiais e editoriais que influenciam os modos de leitura, diversos estudiosos passaram a ver o livro, em seus diferentes contextos culturais, não apenas como fonte inesgotável de conhecimento mas, principalmente, como profícuo objeto de estudo.

Enquanto alguns pesquisadores trouxeram à tona a história do livro no Ocidente, levantando informações a respeito dos primeiros registros de escrita até a impressão com tipos móveis, outros tomaram como desafio a missão de descobrir "o que" e "como" as pessoas liam nas diversas sociedades do passado. Com essas questões em mente, o sociólogo francês Roger Chartier iniciou uma série de estudos sobre a comunidade camponesa da França no século XVII e revelou que os altos índices de analfabetismo entre os trabalhadores não impediram a disseminação, por décadas a fio, de pequenas brochuras a baixos custos. Ademais, as coleções populares daquele período, diferentemente do que se poderia imaginar, não apresentavam narrativas escritas especialmente para as camadas menos favorecidas economicamente. Muitas vezes, essas histórias, bastante conhecidas pelas elites ilustradas, recebiam um formato editorial mais acessível para aqueles que não estavam tão acostumados aos prazeres da leitura. Essa descoberta levou Chartier a considerar que o conteúdo de um livro, veiculado em diferentes versões editoriais é capaz de criar novos usos e públicos. Uma mesma história, impressa em edições de luxo ou em livros de bolso, acaba sendo absorvida de diferentes maneiras pelos leitores.

O historiador Robert Darnton, que há anos estuda a literatura clandestina na França pré-revolucionária, tem contribuído igualmente para esse debate. Ao perguntar "Afinal, mas o que os franceses liam no século XVIII?", Darnton colocou em prática uma refinada metodologia para conseguir compreender um universo tão diferente dos dilemas e anseios do mundo contemporâneo. Para ele, averiguar os catálogos das livrarias, os pedidos de empréstimo em bibliotecas públicas ou mesmo a história da literatura contida nos anais e dicionários bibliográficos são percursos ineficazes, tendo em vista que muitos autores e obras que circularam com grande ênfase no passado foram descartados pela crítica e pela historiografia oficial da época.

Por essa razão, o historiador mergulhou em um caminho diferente. Considerando os arquivos um rico campo etnográfico, Darnton pesquisou documentos pessoais de editores do Antigo Regime, relatos de leitores, processos jurídicos e inquéritos policiais, com o intuito de compreender as diferentes e, muitas vezes, pitorescas visões de mundo do passado. Segundo ele, ao fazermos "perguntas novas ao material antigo", podemos ultrapassar as "áreas de opacidade e silêncio", para então compreendermos com mais profundidade um universo mental e cultural diverso do nosso. Intercalando a análise do texto propriamente dito com a do contexto social, econômico e político do século XVIII, Darnton recuperou o apreço dos franceses por livros e autores hoje desconsiderados pela crítica literária e deu lugar a uma interpretação que procurou iluminar a maneira como as pessoas liam e entendiam alguns livros de grande sucesso em sua época. A leitura, nas palavras do historiador, não é apenas uma habilidade, mas "uma ativa elaboração de significados dentro de um sistema de comunicação. Entender como os franceses liam livros no século XVIII é entender como pensavam", conclui ele.

Como Robert Darnton e Roger Chartier, muitos outros pesquisadores norte-americanos e europeus têm realizado nos últimos anos estudos inovadores, levantando questões interessantes sobre dispositivos editoriais, recepção das obras, subjetividade do leitor, mecanismos de produção e distribuição de um texto impresso e a permanente mudança nos hábitos de ler. A multiplicidade de análises e conclusões enfatiza que as práticas de leitura, sendo um aspecto cultural, estão em permanente mudança. Um leitor do século XXI não lê um romance ou um texto filosófico da mesma maneira que alguém o fazia décadas ou séculos atrás. Da mesma forma, diferentes sociedades atribuem a um mesmo texto valores distintos.

Nos nossos dias, podemos ver claramente essa transformação nos modos de ler com a chegada da Internet. Ao menos nos grandes centros urbanos, há hoje a opção de ler um texto na tela do computador. Seja por meio do livro eletrônico ou dos inúmeros sites que oferecem na íntegra uma obra que já pertence ao domínio público, qualquer pessoa em compasso com essas descobertas tecnológicas irá passar por uma experiência de leitura bastante diversa de alguém que optar, por exemplo, pela edição original desse mesmo texto.

Na tela de um computador, a disposição do texto e a relação com a palavra impressa oferecem uma nova dinâmica de leitura. Em vez de virar as páginas, o cursor pode navegar por qualquer parte da obra e, por meio de atalhos, encontrar rapidamente os trechos ou as palavras-chave desejadas pelo usuário. O tamanho ou o estilo das letras podem variar conforme o gosto de cada leitor. A encadernação que costuma dar forma, iniciar e finalizar o miolo do texto perde completamente sua função na versão virtual. Todos esses aspectos, afirmam os estudiosos do livro e da leitura, influenciam de modo inevitável a recepção do texto.

No Brasil, as pesquisas relativas à história do livro e da leitura estão ganhando espaço a cada dia, especialmente nos ambientes acadêmicos. Historiadores, sociólogos e teóricos da literatura têm despendido esforços para descobrir arquivos e acervos que possam trazer à tona informações sobre a entrada de livros no período colonial, a atuação da censura portuguesa, o desenvolvimento do nosso mercado editorial, a existência de brochuras a baixos preços, a profissionalização do escritor, a diversidade do público leitor brasileiro, as práticas de leitura e a intrínseca relação entre o mundo da palavra escrita e o universo da oralidade.

Esses trabalhos estão dando visibilidade a aspectos ainda pouco conhecidos da nossa história literária. Graças a eles, hoje conhecemos, desde a colônia até o século XX, a atuação de inúmeros editores, a publicação de coleções populares, de histórias infantis e enredos regionais, os sucessos de livraria e as possibilidades sempre ilimitadas de ler um texto.

Por outro lado, não se pode negar que, para além do compromisso intelectual de desvendar e analisar traços culturais ainda pouco explorados, há, para os amantes da leitura, um enorme prazer em falar sobre livros e todos os aspectos a eles relacionados: produção, disseminação e recepção. Nesse caminho, muitas surpresas aparecem. Afinal, os homens e mulheres de diferentes épocas e grupos sociais costumam ler tendo em mente os mais diversos propósitos. Se alguns tomam um livro entre as mãos para melhor conhecer o mundo ao seu redor, para aprender ou satisfazer alguma curiosidade, muitos entregam-se ao prazer da leitura por diversão ou simplesmente pelo gosto de ver impresso no papel um arranjo ilimitado de tipos gráficos.

Foi esse o caso da personagem de *Almas mortas*, do famoso escritor russo Gogol. Petruchka, o dedicado servo do herói da novela, o aristocrático Tchítchicov, era, nas palavras de Gogol, "mais calado que falante" e tinha "uma nobre tendência para a instrução, isto é, a leitura de livros", porém não se preocupava com o conteúdo. Na descrição do autor: "Tanto se lhe dava que se tratasse de aventuras amorosas, de uma simples cartilha ou de um breviário — ele lia tudo com a mesma atenção; se lhe caísse nas mãos um livro de química, ele não deixaria de lê-lo da mesma forma. Petruchka apreciava não o que lia, mas a leitura em si, ou, melhor dizendo, o próprio processo da leitura, o fenômeno de que, daquelas letras impressas, sai sempre uma palavra qualquer, por vezes sabe o diabo de que significado." De tanto ler deitado de costas, na posição supino, sobre a cama e o colchão, Petruchka, nas palavras de Gogol, acabou "achatado como uma panqueca".

Assim como o famoso personagem russo, cada leitor possui uma maneira própria e subjetiva de colocar em prática o exercício da leitura. Mesmo podendo falar de hábitos e preferências comuns a uma época ou uma sociedade, cada pessoa, no sentido mais individual do termo, possui sua própria história da leitura. A relação com os livros, as primeiras descobertas, a possível formação de uma biblioteca, os autores e as edições prediletas, os locais de leitura e até mesmo a postura corporal para ler são alguns dos aspectos que podem aparecer na trajetória de muitos leitores. Porém sempre com significados e sentidos particulares.

Referências e fontes

• Para melhor acompanhar o debate que inicia o livro, sugiro a leitura dos seguintes textos e artigos de jornal: "O Brasil lê", João do Rio. In *Gazeta de Notícias*, 26/11/1903; "O Brasil não lê!". In Bilac, Olavo. *Crítica e fantasia*. Lisboa, A. M. Teixeira, 1904; "O vício literário". In Bilac, Olavo. *Ironia e Piedade*. Rio de Janeiro, Nova Aguilar, 1996; "O crack da literatura diante das necessidades da vida", João do Rio. In *Gazeta de Notícias*, 2/8/1912.

• A citação de John Luccock na página 13 foi retirada do livro organizado por Miriam Moreira Leite, *A condição feminina no Rio de Janeiro. Século XIX* (São Paulo, Edusp/Hucitec, 1993, p.68). Essa coletânea de textos de viajantes oferece também uma série de outras referências a respeito da precária situação educacional da mulher. Sobre a madre Jacinta de São José, há o estudo de Leila Mezan Algranti, *Livros de devoção, atos de censura* (São Paulo, Hucitec/Fapesp, 2004).

• A frase de Machado de Assis na página 31 encontra-se no capítulo "Sensações alheias" do romance *Dom Casmurro*, de 1899. Na primeira edição publicada pela Garnier o trecho está na página 68.

• A antropóloga Rosane Manhães Padro faz uma acurada análise dos romances de M. Delly no artigo "Um ideal de mulher: estudo dos romances de M. Delly", publicado em *Perspectivas antropológicas da mulher*, vol. II (Rio de Janeiro, Zahar Editores, 1981).

• O relato de José Mindlin sobre seu encontro com Guimarães Rosa está em *Uma vida entre livros: reencontros com o tempo* (São Paulo, Edusp/Companhia das Letras, 1997, p.103).

• As citações de Robert Darnton foram retiradas do livro *O grande massacre de gatos. E outros episódios da história cultural francesa* (Rio de Janeiro, Graal, 1986).

• A citação de *Almas mortas*, Gogol, foi retirada da edição da Abril Cultural (São Paulo, 1972, p.24).

Sugestões de leitura

ABREU, Márcia. *Os caminhos dos livros* (Campinas, ALB/Fapesp/Mercado de Letras, 2003).

Esse livro discorre sobre o comércio e a circulação de livros no fim do período colonial. A autora mostra as preferências dos leitores daquele período e a presença de volumes a baixos preços.

BROCA, Brito. *A vida literária no Brasil — 1900* (Rio de Janeiro, Jose Olympio, 1960).

Nesse interessante relato, Brito Broca descreve a vida literária na virada para o século XX, dando ênfase ao cotidiano dos homens de letras nos cafés, agremiações, redações de jornais e no contato com os livreiros e editores cariocas. A riqueza de detalhes e a análise rigorosa fazem do autor um dos principais especialistas naquela época.

CHARTIER, Roger. *A aventura do livro do leitor ao navegador* (São Paulo, Unesp, 1998).

Ilustrado com belas imagens, contém uma extensa entrevista com Roger Chartier, que discursa sobre diferentes tópicos relacionados à história do livro e das práticas de leitura no Ocidente.

DARNTON, Robert. *Os best-sellers proibidos da França pré-revolucionária* (São Paulo, Companhia das Letras, 1998).

Nesse livro, Darnton recupera a dinâmica do mercado editorial francês de finais do século XVIII bem como o comércio clandestino de livros para, enfim, analisar em pormenor três obras que atingiram singular repercussão naquele período.

EL FAR, Alessandra. *Páginas de sensação. Literatura popular e pornográfica no Rio de Janeiro (1870-1924)* (São Paulo, Companhia das Letras, 2004).

Esse livro retoma o universo literário e o mercado editorial do século XIX, com o intuito de analisar os enredos de grande sucesso da época, já desconhecidos nos dias de hoje, como os chamados "romances de sensação" e os "romances para homens".

FRIEIRO, Eduardo. *O diabo na livraria do cônego* (Belo Horizonte/São Paulo, Itatiaia/Edusp, 1981).

Em um ensaio inovador, o autor recupera e analisa, por meio dos arquivos dos Autos da Devassa, os títulos existentes na biblioteca do cônego Luís Vieira da Silva, um dos acervos mais impressionantes do período colonial no Brasil.

HALLEWELL, Laurence. *O livro no Brasil* (São Paulo, Edusp/T.A. Queiroz, 1985).

Por ter abordado com grande rigor metodológico toda a história editorial do Brasil, desde os seus primórdios, essa obra tornou-se um estudo de referência na área.

Momentos do livro no Brasil (São Paulo, Ática, 1998).

Um painel de toda a atividade editorial brasileira do século XX, salientando, em textos curtos e bem ilustrados, seus principais marcos, projetos gráficos e intelectuais.

SCHWARCZ, Lilia Moritz. *A longa viagem dos reis. Do terremoto de Lisboa à Independência do Brasil* (São Paulo, Companhia das Letras, 2002).

A autora recupera a vinda da Real Biblioteca portuguesa para o Rio de Janeiro, após a chegada de D. João VI, em 1808, e a sua permanência em solo brasileiro como um bem simbólico caro à nação.

Sobre a autora

Alessandra El Far nasceu em São Paulo, em 1970. Graduou-se em ciências sociais pela USP, onde também fez o mestrado e o doutorado em antropologia. É autora de *A encenação da imortalidade* (FGV, 2000) e *Páginas de sensação* (Companhia das Letras, 2004). Atualmente desenvolve sua pesquisa de pós-doutorado no Núcleo de Estudos de Gênero (Pagu), da Unicamp, com bolsa Fapesp.

Coleção Descobrindo o Brasil

direção: Celso Castro

ALGUNS VOLUMES JÁ PUBLICADOS:

A arte rupestre no Brasil
Madu Gaspar

Arqueologia da Amazônia
Eduardo Góes Neves

Rebeliões no Brasil Colônia
Luciano Figueiredo

O nascimento da imprensa brasileira
Isabel Lustosa

O período das Regências (1831-1840)
Marco Morel

O Império em procissão
Lilia Moritz Schwarcz

Uma viagem com Debret
Valéria Lima

Negros e política (1888-1937)
Flávio Gomes

A fotografia no Império
Pedro Karp Vasquez

Rio, cidade-capital
Marly Motta

O Brasil dos imigrantes
Lucia Lippi Oliveira

O Rio de Janeiro que Hollywood inventou
Bianca Freire-Medeiros

A invenção do Exército brasileiro
Celso Castro

O pensamento nacionalista autoritário
Boris Fausto

Literatura policial brasileira
Sandra Reimão

Os intelectuais da educação
Helena Bomeny

Cidadania e direitos do trabalho
Angela de Castro Gomes

O Estado Novo
Maria Celina D'Araujo

O sindicalismo brasileiro após 1930
Marcelo Badaró Mattos

Os brasileiros e a Segunda Guerra Mundial
Francisco César Ferraz

A Era do Rádio
Lia Calabre

Da Bossa Nova à Tropicália
Santuza Cambraia Naves

Ditadura militar, esquerdas e sociedade
Daniel Aarão Reis

A modernização da imprensa (1970-2000)
Alzira Alves de Abreu

Política externa brasileira
Leticia Pinheiro

Política externa e meio ambiente
Lílian C.B. Duarte

História do voto no Brasil
Jairo Nicolau

Palmares, ontem e hoje
Pedro Paulo Funari e Aline Vieira de Carvalho

Como falam os brasileiros
Yonne Leite e Dinah Callou

As formas do espaço brasileiro
Pedro Geiger

O livro e a leitura no Brasil
Alessandra El Far